Fabiana Villela, *Nascida em São Paulo, é uma profissional altamente qualificada na área da saúde mental. Possui formação em Psicologia pelo Centro Universitário das Faculdades Metropolitanas Unidas (FMU) e é Psicanalista pelo Instituto Brasileiro de Ciências e Psicanálise de São Paulo. Além disso, possui certificação em Neurolinguística pelo ITA, Portugal.*

No seu consultório particular ¨Criadamente¨, Fabiana Villela atua como Psicanalista e Psicóloga, oferecendo suporte especializado no tratamento de uma ampla gama de questões, como ansiedade, depressão, pânico, fobias, estresse, perdas, relacionamentos, traumas, transtornos alimentares, disfunções sexuais e outros transtornos.

Seu objetivo profissional é auxiliar os pacientes a adquirirem "insights" sobre seu mundo interior, identificar padrões de comportamento e desenvolver habilidades para melhorar seu bem-estar.

Além disso, Fabiana Villela tem se dedicado profundamente à clínica de psicopatologias e ao tratamento de traumas, demonstrando um comprometimento constante com a saúde mental e o bem-estar de seus pacientes

Ricardo F. Ramos, nascido em 27 de abril de 1961, é um taurino de 62 anos de idade com uma trajetória versátil e distinta.

Ele é reconhecido por suas realizações em várias áreas, incluindo música, produção musical, composição, arranjo e sua notável atuação como presidente fundador do sindicato patronal das gravadoras e produtoras de som e imagem no Brasil. Além disso, foi o criador e apresentador do "Programa Portal," transmitido pela Rádio Mundial FM de 2003 a 2008, onde explorava temas relacionados à espiritualidade e evolução humana.

Ricardo também é conhecido por seu trabalho na criação de trilhas sonoras para filmes de produções renomadas, como Mauricio de Souza Produções, Alamo Cinematográfica e Globotech.

Atualmente, ele se especializou em SEO, é jornalista, coach, hipnólogo e fotógrafo, e agora está em uma nova jornada como escritor, compartilhando suas experiências e observações sobre pessoas e o mundo que o rodeia.

"Sexo em Duas Vozes: Explorando as Perspectivas Masculina e Feminina da Sexualidade"
Por Fabiana Villela e Ricardo F. Ramos

Bem-vindo a uma jornada única e reveladora no mundo da sexualidade! Em "Sexo em Duas Vozes", você terá a oportunidade de explorar os profundos e diversos sentimentos, pensamentos e desejos que permeiam a experiência sexual masculina e feminina. Este livro é uma colaboração extraordinária entre Fabiana Villela, psicóloga e psicanalista clínica especializada em transtornos emocionais, e Ricardo F. Ramos, life coach, hipnólogo, produtor musical e fotógrafo que trabalha no segmento feminino sensual, oferecendo uma abordagem terapêutica por meio da fotografia.

Duas perspectivas, um objetivo: *Juntos, Fabiana e Ricardo unem suas percepções e experiências reais para oferecer uma visão abrangente e autêntica da sexualidade. Este livro vai além de meras descrições físicas ou dicas práticas; ele mergulha profundamente nas complexidades do desejo, do amor e da intimidade sob a perspectiva de ambos os sexos.*

¨O que você encontrará em "Sexo em Duas Vozes"

- **Diversidade de Experiências:** Explore histórias reais, experiências pessoais e reflexões profundas que revelam o vasto espectro da sexualidade feminina e masculina.

- **Conhecimento Profissional:** Beneficie-se das insights psicológicos, psicanalíticos e coaching para compreender como as emoções e a psique desempenham um papel fundamental na intimidade.

- **Arte e Sensualidade:** Ao longo deste Livro compartilharei contos reais de experiências vividas como fotógrafo. fruto do olhar de fotógrafo no segmento feminino sensual.

- **Consentimento e Comunicação:** Aprenda sobre a importância do consentimento, da comunicação aberta e do respeito mútuo na construção de relacionamentos sexuais saudáveis.

- **A Atração de Energias:** Descubra como a atração de energias entre homens e mulheres pode elevar o sexo a um patamar mais profundo, transcendendo o mero ato físico.

- **Exploração Sem Tabus:** Desmistifique estereótipos e mitos comuns enquanto abordamos tópicos delicados com honestidade e respeito.

"Sexo em Duas Vozes" é uma obra que busca promover a compreensão, a empatia e a aceitação da diversidade sexual.

Seja você um homem, uma mulher ou alguém em busca de um entendimento mais profundo sobre o desejo humano, este livro oferece um olhar completo e inovador sobre a sexualidade, proporcionando uma leitura enriquecedora e reveladora.

Explore as vozes que moldam a sua sexualidade e mergulhe na profunda atração de energias. Descubra "Sexo em Duas Vozes" e embarque nesta jornada inesquecível hoje mesmo.

Quem são:
Fabiana Villela e Ricardo F. Ramos

- *Nesta seção, apresentaremos os autores deste trabalho, Fabiana Villela e Ricardo F. Ramos, para que você possa conhecer melhor suas experiências e especialidades.*

"Saúde da Mente e a Sexualidade"
por Fabiana Villela

Nas páginas deste livro, mergulharemos nas profundezas da interação entre a mente e a sexualidade, explorando os intricados laços que ligam nossa saúde mental à nossa vida sexual.

O corpo que habitamos, como afirmo, encontra suas raízes na conexão entre a energia física e a mente inconsciente, onde a saúde deveria ser a essência natural, uma verdadeira fonte orgástica da vida.

Nosso psiquismo, desde os primórdios, desempenha um papel fundamental na origem da saúde mental, nas manifestações das doenças do corpo e nos complexos labirintos do imaginário da libido sexual.

Neste livro, examinaremos como as doenças físicas podem ser percebidas como fontes do imaginário que permeia nossa sexualidade, influenciando os prazeres e desprazeres, bem como a pulsão de vida e morte.

"Desejo do inconsciente"
por Fabiana Villela

Aqui, o desejo do inconsciente assume sua posição central, situado na intersecção da ordem do psiquismo e da sexualidade, onde as fantasias do psiquismo encontram espaço para se manifestar, às vezes dando origem a patologias.

Ao longo destas páginas, convido você a embarcar em uma jornada de exploração e reflexão sobre as complexas interações entre mente e sexualidade.

Espero que, ao final desta jornada, tenhamos uma compreensão mais profunda de como nossa saúde mental e nossa vida sexual estão intrinsecamente ligadas, e como podemos navegar nesse território com mais clareza e autoconhecimento.

"Sexo e a Elevação do Espírito: Uma Jornada Pessoal"
por Ricardo F. Ramos

Quero compartilhar uma experiência pessoal que me levou a refletir sobre a profunda conexão entre a sexualidade e a expansão espiritual.

Quando tive a experiência de sair do meu corpo e experimentar a plenitude da nossa existência, fui agraciado com uma sensação de felicidade infinita simplesmente por existir. Foi como se eu tivesse tocado uma dimensão muito maior do que as limitações físicas do meu corpo, uma dimensão que continuava a se expandir. Percebi que o tamanho do nosso espírito é infinitamente maior do que as dimensões físicas do nosso corpo. É algo grandioso, uma presença que se expande constantemente. Toda vez que tentei descrever essa experiência para outras pessoas, encontrei apenas uma maneira de explicar algo semelhante: o orgasmo.

Sabemos que durante o orgasmo, as células do nosso corpo começam a vibrar cada vez mais intensamente.

"Sexo e a Elevação do Espírito"
por Ricardo F. Ramos

O coração acelera, ocorrem tremores e todas as reações físicas que já experimentamos durante o ápice do prazer. Quando as células do nosso corpo atingem o pico máximo de excitação, essa vibração parece cair a zero. Teoricamente, podemos chamar isso de um estado de desaceleração rápida, semelhante à morte, quando tudo para. Foi então que tive uma epifania: quando nosso corpo para, nosso espírito se eleva e transcende para um estado completo de ser. O orgasmo é a única coisa semelhante na experiência física que pode ser usada para explicar o que é estar fora do corpo, mas elevado a uma potência muito superior. Neste livro, exploraremos a interligação entre a sexualidade e a elevação espiritual, como minha experiência pessoal trouxe à tona essa conexão profunda. Convido você a embarcar nesta jornada de autodescoberta e reflexão sobre o potencial transformador da sexualidade em nossa jornada espiritual.

"Sexualidade e o Desenvolvimento Psicossexual"
Fabiana Villela

O conceito fundamental de sexualidade de Freud é que toda pulsão é uma pulsão sexual, representando o ponto onde a energia é direcionada para as funções do objeto. Isso implica que todas as energias estão intrinsecamente ligadas ao comportamento sexual.

A fixação libidinal, por sua vez, tem origem nas diferentes fases do desenvolvimento humano: a fase oral, anal, fálica, de latência e genital.

Nessas fases, a energia física é percorrida de maneira inconsciente, e nem sempre a vida segue um curso feliz e satisfatório no âmbito da psique saudável.

A fonte de prazer e felicidade está intimamente conectada aos anseios subjetivos de cada indivíduo em cada fase de fixação.

São as sensações e percepções experimentadas durante essas fases de desenvolvimento que moldam as escolhas futuras, mesmo que essas escolhas sejam feitas de maneira inconsciente.

Como Carl Jung observou: "O mundo vai perguntar quem você é, e se você não souber, o mundo irá lhe dizer". No entanto, desvios durante essas fases de desenvolvimento podem levar a conflitos e dissociações da própria identidade, tornando-as cruciais para o desenvolvimento.

A fase oral é um período de simbiose entre mãe e bebê, caracterizado pela segurança e vínculo. Os cuidados maternos, amor e afeto fornecem a base para o crescimento saudável da criança.

Durante esse período, o prazer autoerótico se desenvolve à medida que a criança começa a perceber seu próprio mundo subjetivo.

Como a criança enxerga o mundo, a partir de si mesma, depende dela, mas o ambiente interno, desde o útero, já faz parte de sua vida.

Como a mãe se sente durante a gestação, os sentimentos que atravessam o colo uterino desde a concepção, são fatores que influenciam a experiência do bebê.

Durante o nascimento e crescimento do bebê, a mãe deve fornecer suporte vital, criando um ambiente seguro e estável.

Um bebê que recebe esse suporte se desenvolve bem e aceita bem as transições, como a transição do seio para outros alimentos.

No entanto, se essa transição não é realizada cuidadosamente, a criança pode se apegar a essa fase e buscar essa mesma sensação de bem-estar em momentos posteriores da vida.

Isso pode levar a vícios, como cigarro, excesso de comida, álcool e outras substâncias.

Por outro lado, se a criança lida bem com as transições, seu desenvolvimento ocorre de maneira saudável, buscando fontes de prazer em emoções e sentimentos positivos, como cantar e falar.

Isso a permite encontrar significado e prazer na vida, desfrutando da confiança e autoestima que essa experiência proporciona.

O prazer de se conhecer no mundo, através das fantasias que alimenta a alma e desperta o desejo da vida inconsciente, liberando a energia que estava reprimida e permitindo que as pulsões de vida fluam livremente.

Capitulo 1:
Diversidade de Experiências

- *Vamos explorar histórias reais, experiências pessoais e reflexões profundas que revelam o vasto espectro da sexualidade feminina e masculina. Contos reais com reflexão sobre as leis da atração e análise na visão da psicanálise e psicologia.*

"A Arte da Sensualidade no Trabalho Fotográfico"

Após a esclarecedora explanação da Dra. Fabiana Villela sobre a sexualidade, gostaria de compartilhar uma experiência profissional que destaca a conexão entre a sensualidade e a liberdade de expressão.

Certo dia, fui procurado por uma executiva de uma multinacional da área financeira para realizar um ensaio sensual e criar um fotolivro especial como presente para seu noivo, na esperança de que ele a pedisse em casamento. O cenário escolhido foi a suíte de um motel em São Paulo, com dois andares, piscina e ambientes apropriados para as fotos.

"Entrando no Clima da Sensualidade"
por Ricardo F. Ramos

Ao chegar, ela estava visivelmente tímida, pois era a primeira vez que experimentava esse tipo de fotografia.

No entanto, para mim, isso era apenas mais um dia de trabalho. Sabia que era fundamental que a modelo se sentisse completamente à vontade, pois estávamos lidando com uma forma de arte, e a naturalidade é essencial para que as imagens transmitam autenticidade.

Antes de iniciar cada sessão, costumo realizar um relaxamento com a modelo para ajudá-la a entrar no clima da sensualidade.

Cada mulher tem seu próprio lado sensual único, e minha missão era capturá-lo em fotos de forma profissional e respeitosa. Durante a sessão, ela optou por uma massagem com óleo para deixar a pele suave e refletiva, o que é excelente para efeitos fotográficos.

Mas então, algo inesperado aconteceu. Enquanto eu fazia a massagem, ela começou a demonstrar sinais de excitação. Minha preocupação cresceu, pois minha função era apenas realizar o ensaio sensual.

"Perdendo o Controle"
Ricardo F. Ramos

À medida que a massagem prosseguia, seus pensamentos refletiam em seu corpo e pareciam divagar por cenários mais intensos e íntimos.

Quando percebi que ela havia perdido o controle e estava em uma posição mais ousada, decidi parar imediatamente. Informei que já estava preparando o cenário e as luzes na parte de baixo para continuar o ensaio.

Ela desceu, ainda um pouco agitada, enquanto conversava ao celular. Assim que desligou, ela se aproximou de mim, me abraçou e disse:

"Quem você pensa que é por me deixar daquele jeito e parar?" E, em seguida, começou a me beijar. (The End)

Nota do Autor: Ricardo F. Ramos

Deixarei para a imaginação do leitor o desfecho fascinante que essa história reserva, pois o que realmente merece destaque é a forma delicada e profissional com a qual abordamos este contexto.

Aqui, a modelo teve a oportunidade de explorar sua sensualidade de maneira genuína e libertadora, completamente isenta de qualquer constrangimento.

Sua notável à vontade durante o ensaio foi fundamental para que o trabalho de fotografia sensual se revelasse autêntico, capturando com maestria o lado sexy e natural dessa mulher.

"Observação Final"

Minha observação final é que, como homens, não devemos apenas enxergar as mulheres como objetos sexuais.

Em vez disso, devemos criar conexões genuínas, permitindo que as mulheres imaginem livremente, sem repressões.

Devemos valorizar a intimidade, o respeito e a igualdade de ambos os parceiros, onde a verdadeira magia da sensualidade pode florescer.

"Analise da Dra Fabiana"
por Fabiana Villela

Percebeu-se, através do relato, o quanto a voz inconsciente pode ser sutil e como, diante das situações da vida, as escolhas já foram determinadas pelo inconsciente, revelando-se quando a vida se desenrola.

Uma escuta cuidadosa e aprimorada pode nos conduzir ao âmago, à capacidade consciente de nos percebermos entre as escolhas que esse aspecto psíquico, o inconsciente, acolheu. É importante considerar que são essas pulsões que emergem sem solicitar permissão em determinados momentos e situações da vida.

As emoções que emergem do nosso interior podem se manifestar de maneira inesperada, levando o indivíduo a perder o controle quando a falta de autoconfiança se torna confusa.

Ψ

O autoconhecimento desempenha um papel crucial para entender o que alimenta essas manifestações das pulsões que, por vezes, não encontram sentido em nossa vida.

O desejo inconsciente, por sua vez, pode dar origem a sentimentos de culpa relacionados ao conteúdo reprimido, que se liga às pulsões de morte.

A intimidade e a sexualidade constituem uma via de mão dupla, onde a magia da autodescoberta oscila entre o desejo e o encontro do amor.

O surgimento da cena primária, quando a criança não percebe a união dos pais, influencia o mundo interno, a relação amorosa e a privacidade dos adultos.

Embora as pessoas possam não estar cientes disso, essa dinâmica se estabelece na vida intrapsíquica até os sete anos de idade.

O encontro entre a sexualidade, emoções e sentimentos é permeado por desejos que se manifestam na pele, no olhar, no toque, e no desejo de sentir-se amado e desejado pelo outro.

O amor é um sentimento que, quando reprimido pelo inconsciente, emerge dos conflitos presentes nos momentos oportunos e inoportunos, levando-nos às origens do inconsciente.

"Uma Conexão Sutil e a Busca Pela Plenitude Sensual"

por Ricardo F. Ramos

Permitam-me compartilhar outra experiência que ocorreu em uma manhã ensolarada à beira da piscina do clube que eu frequento e terá analise da Dra Fabiana.

Uma advogada, na faixa dos 40 anos, atravessou meu campo de visão quando montava seu guarda sol a beira da piscina, sua beleza destacando-se de forma irresistível. Como qualquer homem que se preze, fui ao seu encontro para satisfazer minha curiosidade.

Para minha surpresa, ela se aproximou de mim e perguntou se na piscina havia um "toilette". Rapidamente, a conduzi até a entrada, mas o destino tinha outros planos para nós.

Enquanto conversávamos, notei que não era apenas uma mulher bonita; ela era incrivelmente especial e inteligente, com ideias que ecoavam em sintonia com as minhas.

Nossas palavras fluíam como água de uma fonte inesgotável, e o tempo parecia não ter fim.

"Conexão a Beira da Piscina"
por Ricardo F. Ramos

A conversa se estendeu até o final da tarde a beira da piscina e, mesmo assim, nossos pensamentos pareciam insaciáveis. Continuamos nossa jornada de descobertas por meio do WhatsApp, e nossos encontros se tornaram mais frequentes, interrompidos apenas pela necessidade de cumprir nossos deveres diários. As palavras pareciam não ter fim, e o riso preenchia o espaço entre as mensagens.

Quero destacar algo extraordinário: no dia em que nos conhecemos na piscina, nossas mãos se tocaram involuntariamente, e ambos nos desculpamos com um sorriso.

Fiquei intrigado e expliquei a ela o que acreditava ser a razão por trás desse contato espontâneo.

Quando duas almas encontram uma conexão tão profunda e sutil, quando suas frequências e vibrações espirituais se alinham, o magnetismo e toque se torna inevitável e involuntário.

É como se os mundos se encontrassem, e a atração se torna irresistível. Essa é a mágica da afinidade, onde os semelhantes se atraem, desafiando o ditado popular que diz que os opostos se atraem.

A advogada, sem dúvida, é uma mulher experiente em relação à sensualidade e ao sexo, conhece seus desejos e limites, mas algo parecia faltar em sua busca pela plenitude.

Eu podia ver isso em seus olhos, um desejo profundo e uma centelha de curiosidade.

¨*Perspectiva singular sobre o tempo*¨

Durante nossa conversa, compartilhei com ela uma perspectiva singular sobre o tempo. Expliquei que o tempo, muitas vezes, é apenas uma medida da duração material. Quando entramos em um plano espiritual, o tempo deixa de existir.

É nesse estado que temos a certeza de que estamos na verdadeira missão de nossas almas, em conexão com outras almas da mesma hierarquia espiritual.

A observação que faço a essa experiência é que, quando nossas energias e frequências estão em mudança, como expliquei no meu livro "Harmonias Ocultas", naturalmente atraímos nossos semelhantes.

Nossa evolução altera o ciclo de amizades e conexões em nossas vidas, como se o universo conspirasse para nos colocar no caminho de almas afins.

"Curiosidade do Leitor"

Agora, o leitor deve estar curioso em saber se depois de tudo isso teve sexo?

A resposta é: "Está tendo! É sobre isso a base do nosso livro, onde a Dra. Fabiana Villela, com sua abordagem acadêmica e objetiva, vai explicar de forma clara as várias formas de intimidade além do básico ato sexual, que todos praticam, e que nós aqui consideramos apenas um dos estágios."

"Analise da Dra Fabiana"

A vida é um mistério inconsciente que se manifesta em direção às relações, aquelas para as quais estamos prontos para criar uma conexão vibracional em qualquer contexto da vida. Atraímos aquilo que vibra em sintonia conosco.

A beleza é algo que se destaca, mas o que constitui a verdadeira beleza? Aos olhos de quem é capaz de enxergar além do que é visível? Valores morais e intelectuais têm um valor inestimável que não está ao alcance de todos, exceto daqueles indivíduos especiais que vibram na mesma frequência.

A beleza é subjetiva e só se destaca quando se encontra com outro ser capaz de enxergar além do corpo físico, quando ambos estão dispostos a explorar a profundidade da alma um do outro, transformando isso em algo grandioso.

Trata-se da possibilidade orgânica e psíquica de uma satisfação energética e sexual, onde as experiências fluem naturalmente e com prazer.

As palavras, assim como a água de uma piscina, refletem e purificam a vida para um novo começo.

A pureza da água é como uma fonte de vida, semelhante aos limites e aos desejos da curiosidade que não têm fim.

A cada ciclo da vida, algo novo surge, assim como as estações do ano que se sucedem. O verão, por exemplo, é a representação da leveza, da descontração, do otimismo, da alegria e da esperança.

É como se a cor amarela do sol brilhasse, também, como um símbolo da espiritualidade que nos envolve.

Quando duas pessoas encontram-se e se conectam de forma natural, elas são como elementos atraídos pela força e pela beleza do sol e da água.

Nesse encontro, o inconsciente é submerso em um oceano de desejos, onde a necessidade de mergulhar em uma única sintonia se torna premente e irresistível.

Nesse contexto, a Dra. Fabiana Villela desempenha um papel crucial. Ela mergulha na história, como se fosse a própria personagem, e traduz os sentimentos de forma poética e profunda.

Ao mesmo tempo, ela os expressa com uma sensibilidade única e os interpreta com a maestria de uma psicanalista experiente.

O resultado desse mergulho profundo na psique humana é uma jornada única e reveladora, onde a complexidade dos sentimentos e desejos é desvendada com sabedoria e sensibilidade.

¨Os Vampiros de Energia¨
Por Ricardo F. Ramos

¨Os Vampiros de Energia¨
por Ricardo F. Ramos

Neste capítulo, vou compartilhar uma experiência intrigante que envolve uma modelo muito badalada.

Em uma festa casual, conheci um rapaz que não poupou elogios a uma modelo que eu já conhecia porem fique na minha e deixei ela falar antes de revelar.

Ele confessou estar profundamente apaixonado por ela e compartilhou detalhes de suas tentativas anteriores de conquistá-la. Ele tinha pago inúmeras contas e dado presentes generosos, mas a modelo parecia sempre esnobá-lo, deixando-o na chamada "friendzone".

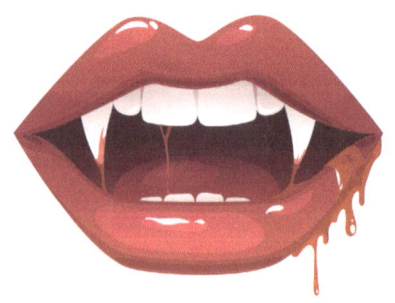

É triste, mas casos como esse são mais comuns do que imaginamos. mulheres que, conscientemente ou não, usam a paixão ardente de homens como esse para obter vantagens pessoais.

Nesse dia, acabei oferecendo carona a esse conhecido, o que me deu a oportunidade de ouvir mais detalhes sobre o seu romance com a modelo. Não pude deixar de expressar minha opinião sincera de que ele estava se deixando levar por essa situação.

Mais tarde, por coincidência ou talvez pelo alinhamento das frequências, a própria modelo entrou em contato comigo.

Ela expressou o desejo de realizar um ensaio sensual, e a atração era inegável. Embora eu tivesse a intenção de levar nosso relacionamento para um nível mais íntimo, o jantar que marcamos em um restaurante de comida japonesa se transformou em uma experiência desconcertante.

Conversamos sobre diversos tópicos, e eu mencionei ter conhecido o rapaz que falou tanto sobre ela.

Ela revelou que não estava interessada nele, mas ele persistia em persegui-la, e ela acabava por tirar proveito dessa situação. No entanto, algo estranho começou a acontecer comigo durante o jantar.

Uma sensação de desconforto crescente tomou conta de mim, e eu me perguntei por que, afinal, eu não estava desejando a experiência que tanto ansiava.

Sugando a Energia

À medida que a noite avançava, minha estranheza aumentava, e a simples ideia de levar a modelo para o meu apartamento começou a me sobrecarregar.

Era como se uma força invisível estivesse afetando meu ânimo e minha vontade naquela noite. Finalmente, cedi à pressão e a levei para casa, mas qualquer tentativa de intimidade foi forçada e desagradável.

A sensação de desconexão e descontentamento preencheu o ambiente, tornando tudo ainda mais difícil de suportar.

Na manhã seguinte, acordei me sentindo extremamente cansado e indisposto, como se carregasse um fardo de mil quilos. Cada movimento era um esforço hercúleo, e minha mente parecia nublada e confusa.

As lembranças da noite anterior eram turvas, como se estivessem envoltas em nevoeiro.

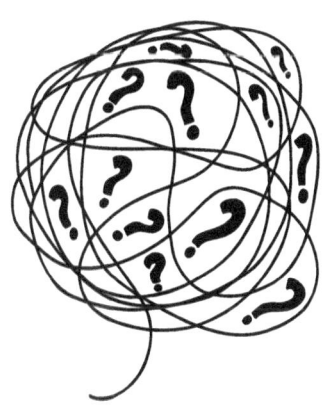

Dirigir de volta para casa após deixá-la foi uma tarefa quase impossível, pois eu lutava contra um sono avassalador. As luzes dos outros carros pareciam piscar diante dos meus olhos, e minha visão estava embaçada.

Lembro-me vagamente de um carro com algumas jovens que brincaram comigo na estrada, mas minha mente estava tão nebulosa que mal conseguia lembrar o que haviam dito.

Foi uma experiência perturbadora que só aumentou a sensação de estranheza e confusão que pairava sobre mim naquele momento.

Naquela época, eu não estava ciente dos estudos de energia, mas após extensas pesquisas, percebi que a modelo era, de fato, uma vampira de energia. Essas pessoas podem ser identificadas pelo toque constante e por como nos sentimos ao seu redor. Às vezes, até mesmo amigos podem ser "vampiros energéticos" que sempre querem o que é seu.

Esta história serve como um alerta para ficarmos atentos às pessoas que podem nos sugar a energia, seja física, emocional ou psicológica. É importante aprender a proteger nossas próprias energias e estabelecer limites saudáveis em nossas relações pessoais.

"Explorando o Sofrimento e a Liberdade na Sexualidade Feminina"
Por Fabiana Vilella

"Explorando o Sofrimento e a Liberdade na Sexualidade Feminina"

Fabiana Vilella

Neste relato íntimo, a psicóloga Fabiana Villela nos conduz a uma profunda reflexão sobre a complexidade da sexualidade feminina e os desafios que as mulheres enfrentam ao longo de suas vidas.

Com uma abordagem sensível, Fabiana destaca a importância de uma conexão autêntica com a própria sexualidade e o impacto das expectativas sociais e pessoais nesse processo.

Ela explora como muitas mulheres buscam no outro a fonte de felicidade e prazer, muitas vezes sem se dar conta dos desejos inconscientes que as impulsionam.

Essa busca incessante pode levar ao desequilíbrio físico e mental, resultando em insatisfação e tristeza.

Ao longo do texto, Fabiana também discute como a sociedade frequentemente coloca pressão sobre as mulheres, levando-as a construir ilusões e fantasias que as afastam de uma vivência mais plena de sua sexualidade e identidade.

Ela ressalta a importância de cultivar a autoconfiança e a independência financeira como parte fundamental desse processo de autodescoberta.

Por meio de suas palavras, a autora nos convida a refletir sobre a busca pela verdadeira liberdade na sexualidade feminina e a importância de se reconectar com a própria essência.

O texto é enriquecido com uma citação provocante de Daniel Schoffer Kraut, que nos lembra das profundezas da busca pelo prazer e do desafio de lidar com o real em meio ao universo da sexualidade.

Certa vez, ainda jovem, pude compreender as complexidades que envolvem a sexualidade feminina e o quão perigoso pode ser se não for devidamente gerenciado ao longo da vida de uma pessoa. A sexualidade é uma força que persiste até o final de nossas vidas, repleta de libido e energia sexual, onde todas as partes do nosso corpo falam e clamam por amor, principalmente o amor próprio.

É fundamental que todas as mulheres compreendam a importância de não se apegar exclusivamente à matéria física e à beleza externa em busca do desejo do outro. A sexualidade envolve diversas questões intrigantes da vida, que muitas vezes nos deixam inquietas.

A inquietude em relação às realizações está ligada a um conjunto de comportamentos e insatisfações. Muitas vezes, temos expectativas de que outra pessoa nos trará alegria e prazer, seja de forma feliz ou infeliz. Essa situação muitas vezes resulta em uma busca pela autorrealização por meio da mentira.

A inquietude em relação às realizações está ligada a um conjunto de comportamentos e insatisfações.

Muitas vezes, temos expectativas de que outra pessoa nos trará alegria e prazer, seja de forma feliz ou infeliz. Essa situação muitas vezes resulta em uma busca pela autorrealização por meio da mentira.

Consequentemente, muitas pessoas, sem perceber, estão em constante luta contra elas mesmas na busca por preencher desejos inconscientes que levam ao desequilíbrio físico e mental. Nesse sentido, é comum que as pessoas sintam descontentamento em relação ao próprio corpo, à imagem e à falta de conexão com a verdade física e mental de uma potência interior que muitas vezes desconhecem.

Muitas passam uma vida inteira sem reconhecer essa potência, concentrando-se apenas na imagem e nos desafios de viver dentro desse paradigma.

Perdem a oportunidade de experimentar a transformação de serem verdadeiramente quem são, muitas vezes por falta de coragem para aceitar a liberdade e a satisfação de viver plenamente.

Desde a infância, somos ensinadas a construir ilusões e fantasias em um sistema que, teoricamente, nos orienta para a infelicidade. Nesse contexto, a sexualidade frequentemente se destaca como um dos principais pontos de pressão.

No entanto, essa visão nos conduz ao sofrimento. Quantas mulheres se encontram infelizes, inseguras, tristes e insatisfeitas? Não somos ensinadas a ser autônomas, nem em relação ao nosso próprio corpo, nem em relação a uma sexualidade saudável.

Além disso, a busca pela independência financeira muitas vezes nos escapa, o que nos pressiona a exigir demais de nossos corpos já fragilizados.

Precisamos compreender que, por trás de todas essas complexidades e desafios, há uma alma em profundo sofrimento, o que nos leva direto ao abismo emocional. É essencial reconhecer que, em meio a todas as lutas e pressões sociais, as pessoas estão carregando um peso emocional significativo. Esse peso muitas vezes não é visível, mas está lá, afetando profundamente a saúde mental e emocional de cada indivíduo.

À medida que navegamos por essa jornada da vida, é importante lembrar que todos nós enfrentamos nossos próprios demônios internos, nossos medos e inseguranças. É um desafio constante lidar com as expectativas da sociedade, as pressões externas e as complexidades de nossos próprios desejos e necessidades.

Como disse Daniel Schoffer Kraut, "Em torno do prazer e do gozo, bordejaremos o buraco do real.

Princípios Fundamentais para a Transformação da Sexualidade Feminina
Por Fabiana Villela

Ser mulher e abraçar a feminilidade é uma jornada complexa que envolve sexualidade, respeito, força e equilíbrio.

É uma jornada que nos faz caminhar por meio das transformações e das mudanças que a vida nos apresenta.

Atualmente, vemos a formação de famílias em diferentes configurações sociais, muitas vezes sem a presença materna, seja devido a escolha de ficar sozinhos desde cedo ou devido a creches.

Isso tem levado a um aumento da violência. Nessa nova dinâmica, a gestão do lar e da família passa a ser responsabilidade de terceiros.

Vivemos em uma sociedade marcada pelo sofrimento, onde muitos problemas e sintomas surgem diariamente. Muitas mulheres se encontram em situações desconfortáveis, onde se veem obrigadas a trabalhar intensamente para financiar aqueles que cuidam de suas casas e famílias.

Elas assumiram, de certa forma, o papel tradicionalmente masculino, mas, ao invés de colher benefícios, muitas vezes acabam perdendo o pouco que tinham.

Ao se tornarem as provedoras da família, essas mulheres frequentemente abrem mão do tempo para si mesmas, vivendo em um ritmo exaustivo e com uma qualidade de vida comprometida.

Isso muitas vezes as leva a aceitar menos do que merecem dos homens, buscando apenas satisfazer suas necessidades. À primeira vista, essa busca por independência pode parecer libertadora, mas, na realidade, muitas vezes leva ao sofrimento.

Como resultado, muitas mulheres se envolvem com homens sem caráter, enfrentam gravidezes indesejadas e se veem sobrecarregadas com a função de supermulheres.

Essa luta pela independência não se limita apenas a uma batalha das mulheres; ela também sinaliza uma mudança nos homens. Estamos em uma época em que o poder e os papéis tradicionais na construção da família estão se transformando.

O foco na família, no cuidado e no respeito está sendo redirecionado para outras áreas e identidades. Isso está criando uma agenda que gira em torno de questões políticas e da desconstrução dos papéis que moldam a sexualidade de cada indivíduo.

No entanto, essa mudança está gerando um desequilíbrio social significativo, à medida que a luta pelo poder entre os gêneros se intensifica. O respeito e a beleza do relacionamento entre homens e mulheres parecem ter se perdido no caminho.

Hoje, vemos famílias formadas por filhos que crescem sem a presença materna, já que muitas mulheres optaram por ingressar no mercado de trabalho. Isso tem causado um desconforto social, acompanhado por problemas e sintomas que surgem na sociedade moderna.

À medida que a mulher deixa de lado seu papel tradicional de esposa e mãe dedicada para explorar novas oportunidades de trabalho, ela busca salários mais altos, muitas vezes competindo diretamente com os homens.

No entanto, essa mudança pode ter um preço, pois em alguns casos pode restringir a autonomia masculina, levando a conflitos e, em alguns casos, à infidelidade.

A emasculação dos homens é evidente, e muitos deles se sentem desapontados com as mulheres, alegando que elas buscam relacionamentos apenas por interesse. Há uma sensação de falta de comprometimento, amor e desejo de construir uma família.

Por Fabiana Villela

vivendo em uma época de grandes mudanças, onde os valores entre os gêneros estão se distanciando.

A dissociação psicológica tornou-se uma característica importante nesse processo.

Para promover a transformação, é fundamental reconhecer que toda mudança requer um ponto de partida, onde a busca por significado e propósito na vida é desejada.

Os valores podem ter se perdido ao longo do tempo, mas é importante entender que a emancipação da mulher não significa o desprezo pelos homens.

É essencial reconhecer e aceitar as próprias dores, emoções e sentimentos, sem comparar-se com os outros. Cada mulher é única, e a felicidade começa com a aceitação de si mesma.

A transformação é possível quando as mulheres compreendem que não precisam se conformar com padrões pré-estabelecidos e podem buscar sua própria jornada de satisfação e realização pessoal.

Reconhecer a beleza e o poder de ser quem são é o primeiro passo para a evolução constante e a continuidade de progredir consigo mesmas no papel principal da vida.

A sexualidade está intrinsecamente ligada às escolhas e ao comportamento que nos fazem felizes. Às vezes, reconhecer nossas próprias dores pode ser um processo que leva tempo e terapia, mas é um passo crucial em direção à transformação e à capacidade de viver plenamente a nossa sexualidade.

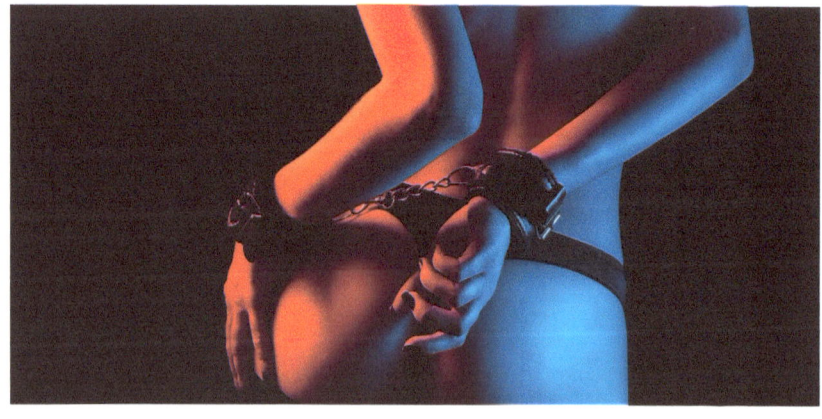

Por Fabiana Villela

momento de mudança e evolução, é importante lembrar que a busca pela igualdade de gênero não deve ser uma guerra entre homens e mulheres.

Devemos buscar o entendimento mútuo, a empatia e a construção de relacionamentos saudáveis, onde ambos os gêneros possam florescer.

Em torno do prazer e do gozo, bordejaremos o buraco do real, como bem disse Daniel Schoffer Kraut. É uma jornada que nos leva a explorar as profundezas de nossos desejos e emoções, encontrando o equilíbrio e a satisfação em nossa própria sexualidade.

Este é um momento de transformação, de reconhecimento e de busca por uma sexualidade plena e saudável, onde a mulher pode ser quem ela é, sem se sentir limitada por padrões ou expectativas externas. É um momento de descoberta e autonomia, onde cada mulher pode trilhar seu próprio caminho em direção à felicidade e ao amor próprio.

"Transformações nos Relacionamentos¨
Por Ricardo F. Ramos

- *Perspectiva Masculina:*
- *Reflexões sobre*
- *Evolução da Sociedade Contemporânea*
- *Mulheres dominantes Homens Submissos.*

Concordo plenamente com as palavras da Dra. Fabiana Villela e gostaria de acrescentar uma perspectiva masculina sobre as mudanças significativas que estão ocorrendo nos relacionamentos contemporâneos. , muitos homens eram inicialmente atraídos pela beleza física das mulheres. Muitas vezes, a primeira impressão era moldada pelo corpo da mulher, e outros aspectos da personalidade ou características eram considerados secundários. Se a mulher parecia atraente e tratava o homem bem, isso frequentemente levava ao desejo de namorar ou até mesmo casar. No entanto, nos tempos atuais, a dinâmica mudou consideravelmente, e é importante compreender o contexto político e social que influenciou essas mudanças. Um termo que ganhou destaque é o "empoderamento feminino", que, devido à sua conotação de poder, pode ser percebido como uma afronta aos homens. É relevante notar que esse termo faz parte de uma estratégia política que visa promover a igualdade de gênero, mas também pode gerar tensões.

Por que as mulheres lutaram por direitos iguais?

A resposta está na busca por igualdade de oportunidades, respeito e reconhecimento, não apenas na esfera pessoal, mas também no âmbito profissional e social.

No entanto, é válido questionar por que as leis relacionadas ao feminicídio, por exemplo, parecem não surtir o efeito desejado. Isso ocorre porque, muitas vezes, As políticas públicas são frequentemente utilizadas como uma ferramenta de manipulação social, estrategicamente planejada para atender aos objetivos da agenda globalista.

As leis devem ser severas e aplicadas de forma igual tanto para homens quanto para mulheres, sem a necessidade de leis específicas para proteger as mulheres; o importante é que a lei funcione efetivamente.

Porém, a ideia por trás dessa agenda é criar discordância e divisão, seguindo a estratégia de 'dividir para dominar'.

Precisamos compreender que homens e mulheres têm funções diferentes, sendo que nenhum é superior ou inferior ao outro; eles se complementam mutuamente. É algo simples, na verdade!

Além das mudanças significativas nos relacionamentos, é importante observar uma tendência atual em que os papéis tradicionais de gênero estão passando por transformações profundas.

Cada vez mais, vemos homens assumindo características que antes eram associadas ao feminino, e vice-versa.

Isso não apenas se reflete nas atitudes e comportamentos, mas também é respaldado por leis que buscam garantir o direito de cada indivíduo de expressar sua identidade de gênero como desejar.

No entanto, é válido questionar como essas mudanças estão afetando os relacionamentos e a estrutura familiar.

À medida que os papéis tradicionais se tornam menos definidos, algumas dinâmicas familiares podem estar sofrendo alterações.

A percepção de que homens estão se tornando mais sensíveis ou mesmo afeminados e que mulheres estão assumindo papéis tradicionalmente masculinos levanta questões sobre como isso impacta as relações interpessoais.

No entanto, é fundamental que essas transformações não levem à desestabilização dos relacionamentos e das famílias.

O diálogo aberto e o entendimento mútuo são essenciais para navegar por essas mudanças e construir relacionamentos saudáveis e equilibrados em uma sociedade em constante evolução.

"Mulheres Dominantes e Homens Submissos"

Antes de encerrar este capítulo, gostaria de compartilhar algumas observações que venho fazendo e que levaram a resultados notáveis.

Tenho vários exemplos diferentes, mas todos conduzem ao mesmo desfecho. Este é um alerta para as mulheres que adotaram uma postura dominante nos relacionamentos, aquelas que tomam as rédeas e fazem as decisões, levando os homens a obedecê-las sem questionar.

O que essa mulher pode não perceber é que está trilhando o caminho da traição, que pode ocorrer mais cedo ou mais tarde.

É importante entender que a natureza do homem frequentemente inclui a capacidade de ser um predador.

Muitos homens têm a capacidade de se envolver com várias mulheres sem desenvolver sentimentos profundos por elas.

No entanto, quando um homem gosta verdadeiramente de uma mulher, ele se compromete com ela.

O único freio para um homem que está em um relacionamento sério é quando ele realmente gosta da mulher com quem está.

A mulher que conquista o coração de um homem não costuma ser aquela que tenta impor sua vontade o tempo todo, mas sim aquela que é amiga, não cria conflitos desnecessários, oferece tranquilidade e paz, e sabe como ser feminina.

É importante destacar que ser feminina não implica ser feminista, pois o feminismo muitas vezes adota uma postura masculina. Homens gostam de mulheres, não de outros homens.

Quando um homem tem uma mulher que o trata bem, não o incomoda, o entende e o faz feliz, ele pensa duas vezes antes de se envolver com outra pessoa apenas pelo fato de ser atraente.

Ele pode até sentir atração, mas em respeito à mulher que ama, opta por não seguir por esse caminho. Isso acontece porque ele reconhece o valor da mulher que está ao seu lado. Portanto, a base de um relacionamento sólido muitas vezes reside na harmonia e no respeito mútuos."

"A Traição é Iminente"

Porém, se a mulher adotar definitivamente essa postura dominante e acreditar que nunca enfrentará a infidelidade, está se enganando. O homem pode aparentar tranquilidade e calma, dando a impressão de que nunca trairia devido ao poder que a mulher exerce sobre ele. Geralmente, mulheres com essa atitude podem minar a autoestima do homem, fazendo-o questionar sua própria aparência.

No entanto, um dia, pode surgir uma mulher que ofereça tudo o que ele não encontra em sua parceira, fazendo-o sentir-se como o macho alpha que sempre sonhou em ser. Nesse momento, minha querida, você enfrentará a traição sem piedade, pois deixou de merecer a fidelidade que ele sempre lhe ofereceu.

Eu sou testemunha de alguns casos reais que se desenrolaram exatamente dessa maneira que estou relatando. Homens que nunca tiveram a intenção de buscar outras mulheres, mas a insistência da mulher dominante acabou com tudo. Pior ainda, o sofrimento se estende aos filhos.

É aí que vemos o egoísmo de uma mulher que não aceita arcar com as consequências de suas ações, e a culpa recai inteiramente sobre o homem traidor.

No entanto, ninguém parece enxergar o que foi feito no passado. Este é um alerta para mulheres que seguem por esse caminho.

O desfecho será semelhante em todos os casos, embora haja variações dependendo dos homens. No entanto, essa é a dinâmica comum que costuma se repetir."

"Conexão e Energia em Duas Vozes"
Por: Fabiana Villela e Ricardo F. Ramos

"Conexão e Energia em Duas Vozes¨
Por: Fabiana Villela

Na tapeçaria da existência, o desejo surge como um fio dourado, entrelaçando-se intrinsecamente com o nosso ser.

Esta não é uma mera aspiração pela vida, mas sim uma busca fervorosa pela potência, um conceito que Nietzsche habilmente desdobra em sua obra "Zaratustra".

Ele fala da vontade inabalável de continuar, de forjar a vida, reconhecendo que o universo e a existência não são externos, mas residem profundamente dentro de cada um de nós.

De maneira semelhante, a energia e a conexão nas relações entre os sexos ecoam essa ideia. Quando ocorre uma conexão genuína e espontânea, brota subitamente aquilo que Nietzsche define como "vontade de potência".

Essa conexão é como um amor pela virtude, comparável ao afeto por laços feitos de fios de ouro.

Esse princípio se estende também às palavras e ao tempo, os quais fluem incessantemente, desde que estejam alinhados na mesma frequência energética e vibracional.

A energia sexual não apenas vitaliza o amor e a sexualidade, mas também define um reino onde a inveja não tem espaço.

Aqui, os parceiros compreendem seu poder inerente de alcançar tudo o que desejam. Apesar de suas diferenças, eles se unem numa mesma esfera de existência, onde as chamas do amor e o apetite pela vida são preponderantes.

A sexualidade, nesse contexto, emerge como uma virtude do espírito em sua jornada evolutiva.

Ela considera o mundo não apenas como matéria, mas como um meio para alcançar uma existência plena de motivação, satisfação e prazer.

A sexualidade, nesse contexto, emerge como uma virtude do espírito em sua jornada evolutiva. Ela considera o mundo não apenas como matéria, mas como um meio para alcançar uma existência plena de motivação, satisfação e prazer.

Assim, a conexão e a energia em duas vozes não são apenas elementos de uma relação, mas também são reflexos da vontade incessante de potência e da busca pela plenitude na jornada da vida.

"Conexão e Energia em Duas Vozes¨
Por: Ricardo F. Ramos

Encerrando este capítulo, é importante refletir sobre a analogia entre os princípios de Yin e Yang e as características que muitas vezes associamos ao feminino e ao masculino. Essa analogia nos lembra que, embora sejamos seres humanos únicos e individuais, também somos parte de uma ordem natural que nos presenteia com funções distintas.

O Yin, frequentemente associado ao lado feminino, representa qualidades como empatia, intuição, sensibilidade emocional e habilidades de cuidado. Essas características ressoam com a energia interior, relacionamentos e conexões emocionais profundas.

Por outro lado, o Yang, associado ao lado masculino, traz consigo traços como assertividade, racionalidade, coragem, liderança e habilidades de tomada de decisão. Ele está relacionado à energia voltada para a ação, conquista e objetividade.

Embora essas características sejam frequentemente atribuídas a gêneros específicos, é essencial lembrar que somos seres humanos complexos e multifacetados. Cada um de nós possui uma mistura única de Yin e Yang em nosso interior, independentemente de nosso gênero. A verdadeira sabedoria reside em reconhecer e celebrar as diferenças entre nós, sem criar oposição. Em vez disso, devemos buscar a união, compreendendo que fomos moldados pela natureza com funções complementares. Em nossa jornada como seres humanos, é fundamental honrar e respeitar essas regras da natureza, reconhecendo que não fomos criados ao acaso, mas sim para nos apoiarmos mutuamente e construir relacionamentos harmoniosos.

"Considerações Finais dos Autores"
Fabiana Villela e Ricardo F. Ramos

Considerações Finais do Autor:
Fabiana Villela

O impulso para escrever um livro não é recente, mas se fundamenta no anseio de expressar pensamentos e ideias. Essa necessidade intrínseca de compartilhar informações, sejam elas técnicas ou não, se tornou realidade ao conhecer Ricardo. Com ele, ideais e visões se alinharam na mesma perspectiva.

Éramos duas mentes ávidas por crescimento, inspiradas pelo ambiente que nos rodeava e pela enriquecedora troca de ideias que fluía de maneira rápida e prática, sem entraves.

Esse processo fortaleceu ainda mais minha afinidade com a abordagem prática para resolver questões.

Identifico-me profundamente com indivíduos que compartilham esse estilo de abordagem, e isso foi uma das principais razões que me impulsionou a dar continuidade ao projeto de escrever este livro em colaboração com Ricardo.

Cada vez que eu me dedicava à escrita, o livro me preenchia de entusiasmo. Não apenas pelas ideias que apresentávamos, mas também pela compreensão de que cada ato de escrita nos conduz a novas perspectivas e cria uma conexão de intenso prazer e satisfação.

Alguns dias, acordei de madrugada movida pelo desejo de escrever, enquanto outros foram dedicados inteiramente à composição desta obra. Este livro não só alimentou minha motivação, mas também despertou em mim uma profunda sensação de realização. Expresso minha imensa gratidão pela oportunidade de compartilhar meu conhecimento e experiência com todos vocês.

Com gratidão:
Fabiana Villela

Formada em Psicologia pelo Centro Universitário das Faculdades Metropolitanas Unidas (FMU). Psicanalista pelo Instituto Brasileiro de Psicanálise de São Paulo. Certificada ITA, Portugal, em Neurolinguística. Além disso, tenho me aprofundando em psicopatologias e na clínica dos traumas.

Considerações Finais do Autor:
Ricardo F. Ramos

A jornada que nos trouxe a criar este livro, "Sexo em Duas Vozes", foi uma experiência reveladora e enriquecedora.

A ideia inicial surgiu após inúmeras conversas e debates com a Dra. Fabiana Villela, cujas perspectivas sobre sexualidade e relacionamentos se mostraram fascinantes e altamente complementares às minhas próprias visões.

Embora nossas áreas de atuação sejam notavelmente distintas, percebemos que compartilhamos uma compreensão profunda do comportamento feminino e masculino, bem como das complexidades que permeiam as dinâmicas interpessoais.

Ao longo de nossas conversas, foi inevitável notar como as experiências individuais moldam nossas percepções sobre a sexualidade.

Como um músico, compositor e produtor musical, minha abordagem tende a ser mais artística e sensitiva, enquanto a Dra. Fabiana Villela, uma psicanalista e psicóloga altamente respeitada, aporta uma visão clínica e psicológica profunda.

Esse contraste entre nossas perspectivas nos inspirou a explorar a sexualidade como um tema que pode ser abordado de maneiras distintas e complementares, como as vozes distintas de um dueto musical.

Nossa intenção com este livro é oferecer uma experiência de leitura que permita aos leitores enxergar a sexualidade a partir dessas duas perspectivas complementares.

Abordamos uma ampla variedade de tópicos, desde a complexidade das emoções humanas até os desafios nos relacionamentos, passando pelos estereótipos de gênero e pela busca contínua por autoconhecimento e crescimento pessoal.

Esperamos sinceramente que, ao percorrer as páginas deste livro, os leitores possam adquirir uma compreensão mais profunda das dinâmicas de gênero, bem como ferramentas valiosas para refletir sobre suas próprias vidas e relacionamentos.

Que este livro sirva como um guia que encoraje a exploração, a introspecção e, acima de tudo, o diálogo aberto e respeitoso sobre um assunto tão fundamental e universal como a sexualidade.

Feliz por auxiliara a Fabiana em mais uma de suas realizações. Com profunda gratidão por esta jornada de autodescoberta e aprendizado,

Ricardo F. Ramos

Milton Keynes UK
Ingram Content Group UK Ltd.
UKHW051818110224
437539UK00001B/1